LE

PRINCE IMPÉRIAL

PAR

HENRI VILLARD

Avocat

(Extrait de la *Presse Langroise*.)

LANGRES

IMPRIMERIE E. L'HUILLIER

Juillet 1879.

LE
PRINCE IMPÉRIAL

I.

Les nations, comme les hommes, ont beau avoir la mémoire courte, il est impossible que la France, aujourd'hui surtout, ne se rappelle pas à quel degré de puissance et de gloire elle était en 1856. Sébastopol était prise, la guerre d'Orient terminée, et l'Europe entière, réunie en congrès dans notre capitale, signait à Paris, sous l'influence de nos victoires, ce traité qui était la revanche de celui qu'elle y avait signé contre nous en 1814, après nos défaites. C'est à ce moment même de la paix dictée par nos triomphes que Dieu donnait un fils à l'Empereur. Que d'espérances paternelles et patriotiques rayonnaient autour du berceau de ce nouvel *Enfant de France !* (1) Hélas ! il a suffi de moins d'un quart de siècle pour que cet enfant, à qui souriait dans ses langes un avenir de bonheur et

____

(1) Voir le Discours de l'Empereur au Sénat du 19 mars 1856.

de gloire, touchât à toutes les extrémités des choses humaines. Après avoir connu le trône et des prospérités que chaque heure semblait accroître, il a perdu, en un jour néfaste, et le trône et sa patrie, et il n'a quitté la terre généreusement hospitalière de son exil, où de nouvelles espérances étaient venues se grouper autour de lui et saluer sa radieuse jeunesse, que pour tomber tout à coup sous la zagaïe d'un sauvage. Quelle leçon pour la vanité de nos songes, si nous savions la comprendre, et que tous nos désirs ne sont rien devant la volonté mystérieuse de Dieu !...

Et cependant, est-ce bien sur ce beau jeune prince, moissonné dans sa fleur, qu'il faut verser des larmes ? Il a échappé au péril de la vie et du trône ; il est tombé en soldat sur un champ de bataille, tenant dans sa main l'épée du chef de sa race ; en trouvant la mort il a trouvé la gloire et on l'a couché dans son cercueil au milieu d'un regret et d'une admiration unanimes, car je ne veux pas prêter l'oreille aux cris honteux d'une passion sauvage que cette mort, convoitée par elle, et poursuivie peut-être, aurait dû satisfaire. Non ! ce n'est pas sur le Prince Impérial qu'il faut pleurer ! c'est sur cette pauvre mère qui reste seule au monde et que ni la gloire rajeunie de son nom, ni le respect universel ne consoleront jamais d'avoir perdu son fils ! Le cœur se serre à la pensée de ce que depuis dix ans elle a souffert, de ce qu'elle est destinée à souffrir encore, pendant les années que Dieu lui réserve peut-être !

Quelle expiation des jours où l'éclat de sa destinée avait dépassé ses plus beaux rêves !

Et n'est-ce pas aussi sur la France qu'il faut

pleurer ? La mort du Prince Impérial a révélé, même à ceux qui feignent de n'y pas croire, la place qu'il tenait dans ses préoccupations et dans ses espérances, et la nouvelle en a été accueillie partout, même à Paris, avec une stupeur qui n'a pas cessé. Je ne veux pas interroger ici ce sentiment pour savoir tout ce qu'il renferme ; mais si j'étais du parti des maîtres du jour, je m'effraierais pour eux de la force et de l'étendue de ce sentiment qui proteste contre eux et qui s'incarnera — qu'ils en soient sûrs et quoiqu'ils fassent — sous une autre forme, ou sous un autre nom peut-être, avec une puissance de jour en jour plus grande, pour combattre leur tyrannie et arracher le pays à leurs desseins homicides.

Mais je ne veux pas plus longtemps faire de la politique auprès de cette tombe douloureuse. Je tiens seulement à dire aux lecteurs de la *Presse Langroise* quelques faits, quelques souvenirs qui sont de nature à faire connaître et regretter davantage le Prince que nous avons perdu. Ce sera mon hommage funèbre et comme la couronne que je n'ai pu aller déposer, de mes mains, sur son cercueil.

II.

Le Prince Impérial était un charmant enfant. « Ne serait-il qu'un enfant du peuple, on le remar- « querait » ; me disait un jour en parlant de lui sa tante, la princesse Baciocchi, dont le cœur était aussi intelligent, aussi napoléonien, que la tête. Et, pour me le faire aimer avec elle, l'excellente princesse me contait de lui des traits de sentiment, de bonté charmante. J'en prendrai un ou deux dans mes souvenirs.

Il existe, sur les côtes de l'Océan, une petite île de cinq cents habitants à peine, qui n'a guère plus d'un kilomètre de diamètre. C'est Molènes. On n'y peut cultiver que l'orge et les pommes de terre, et le sol, peu fertile, donne malaisément de quoi nourrir ses habitants pendant six mois ; le reste de leur vie leur est fourni par la mer, au prix de quels maux, et souvent de quels périls, Dieu le sait ! En 1858, pour comble de malheur, l'île avait été ravagée par une épidémie, et la misère des pauvres Molènais était affreuse. Devenue bretonne jusqu'au fond de l'âme — elle l'a bien prouvé par sa vie et par sa mort — la nièce de Napoléon Ier se préoccupait vivement de cette île sur laquelle se répandaient ses bienfaits.

Aux Tuileries, où elle se trouvait un jour, elle n'eut pas de peine à intéresser l'Impératrice à ses pensées et à son dévouement pour Molènes. Elle en parlait avec cette éloquence à la fois ardente et sobre qui caractérisait sa race. Le petit Prince écoutait parler sa tante. Il avait la veille exprimé le désir d'avoir ces deux statuettes connues représentant des soldats de la Grande-Armée, et facile à tout accorder à un fils qu'il adorait, l'Empereur lui avait aussitôt donné six cents francs pour acheter les deux bronzes. On peut deviner le bonheur de l'enfant ! Mais, en entendant le récit des souffrances de Molènes, son petit cœur s'émut, et renonçant à son plaisir pour secourir une infortune, il voulut aussitôt donner à sa tante pour ses chers Bretons les six cents francs qu'il possédait.

Je viens de dire que l'Empereur adorait son fils ;
l'enfant, de son côté, lui rendait cette affection
passionnée, qui ne fit que grandir jusqu'à la fin de
la vie de son père et qui survécut à sa mort. Ainsi,
pendant la guerre d'Italie, rien ne peut exprimer
la souffrance qu'il eut de son absence ; il ne ces-
sait de pleurer, de le demander, et sa profonde tris-
tesse donna plusieurs fois des inquiétudes sur sa
santé. Mais quelle joie au retour ! et avec quel en-
thousiasme l'enfant, épris déjà de soldats et de
batailles, vit défiler devant son père, l'armée
triomphante au pied de la Colonne ! Il était assis, au
balcon de la Chancellerie, sur les genoux de sa
mère, elle aussi radieuse du bonheur de la fête,
de la joie de son fils, et de la gloire de son
époux ! Tout à coup les blesssés s'avancèrent ;
à leur vue, le petit Prince éclata en sanglots,
et vainement essaya-t-on d'apaiser ses larmes ;
on ne trouva d'autre moyen de le calmer que
de le conduire à son père qui l'assit devant lui sur
son cheval et l'y garda jusqu'à la fin du défilé des
troupes.

Mais si la guerre d'Italie ajoutait encore à la
gloire de la France, elle créait à sa politique d'i-
nextricables embarras. Elle donnait naissance à la
Question Romaine, qui, après vingt ans, n'est pas
résolue encore. Je n'ai point à en raconter ici les
phases émouvantes et douloureuses ; il me suffira
de rappeler que, fidèle à sa foi, l'Impératrice avait
toujours et vaillamment défendu dans les conseils
de l'Empereur, contre une politique mal inspirée,
les intérêts et les traditions de la France, les droits
du Pape et de la Papauté. La politique du petit
Prince était celle de sa mère, celle qui convenait au
filleul de Pie IX, et il le disait avec la naïveté de
son âge. Un jour — c'était pendant l'été de 1860,

ou 61 peut-être. — une personne, que je connais
et que j'aime beaucoup, était allée à Saint-Cloud,
invitée à déjeûner chez l'Empereur. Mon ami
trouva sur la terrasse du château le Prince Impérial qui jouait bruyamment au soldat avec ses petits camarades, Conneau, Espinasse et quelques
autres ; il voulait former avec eux une armée pour
défendre le Pape : « Moi d'abord je suis pour le
Pape, et qui est-ce qui n'est pas pour le Pape,
criait l'enfant — d'ailleurs c'est mon parrain ! »

Le bon Pie IX, s'il les avait entendues, n'aurait-
il pas souri doucement, avec une larme, à ces sail-
lies de son filleul ?

III.

Les années de l'enfance finissent ; le Prince
Impérial atteint sa treizième année. Sa première
communion n'est pas encore faite, et cependant il
a dépassé l'âge où, d'habitude, le jeune chrétien
reçoit Notre-Seigneur. Est-ce indifférence chez ceux
qui l'élèvent et qui sont chargés de diriger son
âme ? Non ! car ils ne sont pas de ceux qui pen-
sent que la première communion d'un enfant soit
une formalité vaine et qui mériteraient les critiques,
amères et vraies, d'un philosophe contemporain (1)
dont le nom obtenait hier les honneurs de la tri-

(1) « On prend le baccalauréat pour en finir avec l'étude ;
« *On fait sa première communion pour en finir avec la*
« *religion ;*
« On se marie, pour en finir avec l'amour. »
Bersot, cité par Granier de Cassagnac, disc. 19 juillet.

bune. Ils savent, au contraire, que cet acte, qui met l'âme en communication directe avec Dieu, est le plus important de la vie humaine, qu'il renferme pour l'homme le secret de son avenir, et que, plus sa destinée doit être grande et périlleuse, plus il a besoin de se pénétrer de la force et de la lumière de Dieu pour y suffire.

L'Empereur et l'Impératrice apportèrent donc un soin extrême à préparer « l'Enfant de France » à sa première communion; et, pour que rien ne lui manquât dans cette œuvre importante, ils confièrent son instruction religieuse au vénérable curé de la Magdeleine, M. l'abbé Deguerry, qui devait être, trois ans plus tard, un des martyrs de la Commune de Paris.

Ce fut le 7 mai 1868 que le Prince Impérial reçut le Corps de Notre-Seigneur-Jésus-Christ des mains de Mgr Darboy, à qui Dieu réservait de partager avec M. Deguerry l'honneur et la gloire du martyre.

La chapelle des Tuileries a certainement entendu plus d'une fois d'éloquents apôtres aux jours de l'Empire, mais jamais elle n'a retenti d'une parole plus noblement et plus vraiment chrétienne que celle dont notre saint et illustre compatriote a salué la première communion du Prince Impérial.

« *Laissez les petits enfants venir à moi.* » Ce fut cette parole « bonne comme l'invitation d'un ami, « tendre comme les caresses d'une mère, pure et « suave comme le jeune âge, instructive, sage et « profonde comme tout ce qui vient de la vérité « même » dont se servit l'archevêque pour expliquer le sens de cette journée, « unique et décisive

« dans son existence, » à l'enfant dont « le jeune
« âge avait gardé la fleur et le parfum de son in-
« nocence, » et pour « lui faire aimer davantage
« celui qui venait le nourrir de sa chair, de son
« sang, de sa divinité. »

Et comment le jeune Prince, qui « fixait sur lui
« lui les regards et le cœur de Jésus-Christ par sa
« foi, son amour de Dieu, son innocence, toute
« cette splendide et noble parure de son âge, »
n'aurait-il pas tressailli d'une émotion divine, en
entendant ces paroles magnifiquement et simplement chré'iennes au moment même où il allait
recevoir son Dieu :

« Et maintenant, Seigneur, venez prendre pos-
« session de cette jeune âme, si précieuse à tant
« de titres. Elle croit en vous, ô vérité infaillible !
« mais augmentez sa foi. Elle vous adore, ô per-
« fection absolue ! donnez-lui de vous offrir des
« hommages encore plus dignes de votre majesté.
« Elle espère en vous, ô très-douce miséricorde !
« Que son espérance l'affermisse et l'aide à se
« tenir constamment attaché aux choses du Ciel.
« Elle vous aime, ô bonté infinie ! que son amour
« pour vous grandisse et l'inspire dans ses senti-
« ments et ses résolutions. Elle se propose de vous
« demeurer fidèle et dévouée ; gardez-la, Seigneur,
« gardez-la bien, et que la visite dont vous l'ho-
« rez aujourd'hui soit l'avant-goût et la garantie
« de son bonheur dans le temps et dans l'éter-
« nité. » (1)

Ces belles et grandes paroles firent couler plus
d'une larme chez ceux qui les entendaient ; mais

(1) Voir œuvres de M⁣ᵍʳ Darboy. t. 2. p. 257 et suivantes.

combien leur émotion eût été plus profonde encore,
si, soulevant lès voiles d'un prochain avenir, ils
avaient pu voir tomber sanglants sous les coups
des sauvages et celui qui les prononçait et celui à
qui elles avaient été dites !

IV.

« Prince, — avait ajouté l'Archevêque après la
« communion — vous venez de contracter avec
« Jésus-Christ une alliance intime et sacrée ; il
« habite en votre cœur où sa présence porte lu-
« mière, justice et force.... votre jeunesse me
« touche et votre avenir m'émeut.... Tous, ici,
« nous demandons que la sagesse de Dieu vous
« dirige, que sa justice vous soutienne, que sa
« bonté vous console et que sa puissance vous
« protége ; qu'il vous inspire de la modération
« dans la prospérité, la prudence dans les conseils,
« l'énergie dans l'action, la constance dans les
« fatigues et les périls ; qu'il vous donne un es-
« prit supérieur, une volonté droite et ferme, un
« cœur magnanime, une âme maîtresse d'elle-
« même ; qu'il vous rende invincible aux tentations
« de l'heureuse fortune et aux séductions de la flat-
« terie ; et qu'il vous accorde d'avoir toujours la
« parole sobre et contenue du commandement,
« les mœurs correctes et graves du législateur,
« une vie pleine de mérites et de félicité ! Mainte-
« nez-vous dans la vertu par une assidue vigilance
« sur vous-même, par la fidélité à la prière et par
« la pratique des sacrements. Aimez l'Eglise et la

« France ; servez Dieu et votre pays ; soyez un
« grand chrétien et un grand prince, et que la bé-
« nédiction du Saint-Père reste à jamais sur vous
« et vous porte bonheur pour le temps et pour
« l'éterni'é ! »

Je ne me reproche pas la longueur de ces cita-
tions. En un temps où tant de folliculaires, plats
courtisans de la révolution et de la foule, accusent de
flatterie envers les Rois, Bossuet et Bourdaloue et
d'autres orateurs sacrés dont ils n'ont jamais lu dix
lignes, j'ai tenu à montrer, par un exemple qui
tient directement à mon sujet, comment savent
parler de leurs devoirs aux princes les prêtres de
Jésus-Christ.

Ces vœux de l'Archevêque étaient tout un pro-
gramme, et s'il ne devait appartenir qu'à Dieu de
réaliser par le don de sa gloire éternelle la félicité
qu'il souhaitait au fils de l'Empereur, il était réservé à celui-ci de justifier par les onze années
qu'il lui restait à vivre les espérances que faisait
concevoir au Poutife l'union intime de Jésus-Christ
et de cette jeune âme, toute parfumée d'innocence
et des plus suaves vertus.

V.

Je n'ai pas à dire en détail avec quels soins pa-
ternels et vigilants, l'Empereur éleva et fit élever
son fils et l'entoura de tout ce qui pouvait le former et le développer. Pour le préparer au trône et
le rendre digne de la couronne il voulait qu'on en

fît vraiment un homme — *vir* — selon cette expression à la fois si brève et si profondément exacte de la langue romaine. Cette éducation, commencée aux Tuileries et pour laquelle l'Empereur se faisait aider d'hommes qui méritaient sa confiance de père et de roi, (1) devait se continuer, d'une manière plus intime et plus puissante encore dans les tristesses et les loisirs de l'exil, et tout, la prospérité comme le malheur, était destiné à y concourir. Le Prince avait une âme née, si je puis ainsi dire, pour comprendre les leçons cruelles de la douleur et de la vie. Le malheur qui abat les faibles et décourage les pusillanimes, soutient les forts et ajoute à l'énergie et aux espérances des vaillants ; or le Prince était de la race des vaillants et des forts. Les épreuves d'une vie qui commençait à peine ne firent que mûrir son cœur sous leurs douloureux soleils et donner à son intelligence une gravité précoce qui tenait à celle de son âme, et tous ceux qui l'approchaient étaient frappés par la dignité sereine de ce jeune homme aimable à qui chaque jour de l'exil apportait une force et un don.

Je n'échappai pas à ce sentiment, lorsque j'eus l'honneur de le voir, au mois d'août 1874, à Arenenberg. C'était, on le sait, une modeste demeure, située sur une hauteur auprès du lac de Constance, et où il revenait presque chaque année vivre simplement pendant les vacances et retrouver les souvenirs de son père qui y avait passé sa jeunesse. Moins que jamais, on le comprend, je suis disposé à oublier les souvenirs que m'a laissés cette visite à l'Impératrice et à son fils. Je ne connaissais guère

(1) Je rappellerai seulement ici le nom du général Frossard, notre regretté compatriote.

de l'Impératrice, à cette époque, que l'éclat de sa destinée et ce qu'on racontait des charmes de sa grâce. Je vis une noble veuve, d'une âme élevée comme son malheur, aimant passionnément la France, indulgente aux choses et aux hommes et dont l'esprit, ferme et droit, n'était étranger à aucune des questions du temps. On voyait, on sentait qu'elle n'appartenait qu'au souvenir de celui qu'elle appelait si doucement « mon pauvre empereur », en parlaut de lui, et à l'avenir de ce fils sur lequel ses yeux se reposaient avec une si maternelle, si fière et si juste tendresse, et à qui son unique souci semblait être de chercher des amis. Chez le prince, après son profond et affectueux respect pour sa mère, ce qui me frappa le plus ce fut son calme. Il gardait volontiers le silence et avait l'art d'écouter. Mais quand la pensée de son interlocuteur se formulait de manière à saisir son esprit, il y adhérait aussitôt d'un regard, d'un geste, d'un mot. J'en eus une preuve entre plusieurs. Au cours de la conversation, j'avais été amené à lui dire ce qu'était à mes yeux l'idée impérialiste et quelle était la raison des espérances qui devait nous y rattacher. La France, lui disais-je, est essentiellement monarchique, par ses mœurs, par ses traditions, par ses habitudes, mais elle appartient en même temps, par le fond de ses aspirations, de ses besoins, de ses tendances, à la démocratie ; l'impérialisme n'est pas autre chose que la conciliation de ces deux exigences de sa nature, de ces deux nécessités de son histoire. — « Oh ! c'est bien cela ! » — interrompit le Prince, en faisant sienne, par quelques mots, la formule que je venais de donner à ma pensée, et en me regardant, avec un sourire, de ce doux œil bleu limpide où venait tout à coup de s'allumer un rayon....

Le reste de l'entrevue ne saurait trouver ici sa place; ce souvenir est le seul que je puisse en détacher aujourd'hui.

VI.

Dante a dit, au cinquième livre de son Enfer, qu'il ne connaissait pas de douleur plus grande que de se souvenir des jours heureux dans l'infortune, et l'on sent, en le lisant, que c'est avec ses larmes, avec le sang de son cœur, que le vieux Gibelin, chassé de Florence, écrivait dans l'exil ce tercet immortel (2) et que, même en Paradis, il a pu se souvenir de ce qu'il y a d'amer à manger le pain des autres et à gravir l'escalier d'autrui (3).

Certes ! l hospitalité de l'Angleterre était généreuse pour le fils des Napoléon, mais pas plus dans son âme que dans celle du Dante, elle ne pouvait consoler l'inoubliable douleur de l'exil !

Un jeune et grand poëte, qui n'était pas alors un vieux et triste démagogue, a parlé de ce que le premier des Napoléons devait ressentir dans cette île désolée de l'Atlantique, où l'Europe l'avait enfermé au lendemain de Waterloo :

... « Croisant ses bras oisifs sur son sein qui fermente,

---

(2) .... Nessum maggior dolore
Che ricordarsi del tempo felice
Nella miseria....
L'Inferno, cant. V. v. 41.

(3) Tu proverai si come sà di sale
Lo pane altrui, ecom e duro calle
Lo scandere, il salir per altrui scalle.
Par. d. ca t. XVII.

« Promenant sur un roc où passent les orages
« Sa pensée, orage éternel ! »

Ces vers sont aussi beaux qu'ils sont vrais ! Mais enfin, Napoléon, à Sainte-Hélène, pouvait se dire, en regardant son épée, désormais oisive, qu'il ne lui avait pas fallu quinze ans pour conquérir le monde et que la mort ne pouvait rien contre sa gloire et son immortalité.

Combien plus douloureuses et plus profondément amères devaient être les pensées de son jeune héritier, jeté sur une terre étrangère, à l'aube de sa jeunesse, après un des plus grands revers de sa patrie, sans avoir rien fait encore pour mériter la gloire et donner son auréole à son nom ?

Une âme moins vaillante et moins forte que celle du Prince Impérial aurait succombé sous l'épreuve ou l'aurait désertée devant ce que Bossuet appelle, dans cette langue qui n'est qu'à lui, « les opprobres de la fortune. » Il la supporta, il en triompha, il y trouva la gloire, et c'est à le voir aux prises avec elle que je veux un instant m'arrêter.

VII.

Woolwich est une ville d'une quarantaine de mille âmes dans le canton de Kent, sur la rive droite de la Tamise, à quatorze kilomètres de Londres. Il existe là une école renommée, connue sous le nom d'Ecole des Cadets, où les jeunes gens de l'aristocratie anglaise, qui se destinent à l'artillerie ou au génie, viennent se préparer à leur carrière. A défaut de l'Ecole polytechnique, d'où l'exil l'excluait, c'est à Woolwich que le Prince Impérial voulut entrer. Fidèle à ses tradi-

tions de famille, c'est [l'artillerie qu'il y étudia, et
son temps d'école fini, il quitta Woolwich dans un
rang qui prouvait le succès de son travail.

Mais ces études spéciales ne le détournèrent
pas d'autres travaux d'un ordre plus général et
plus élevé, convenables à qui veut se préparer au
gouvernement des hommes, et il employa toute
l'activité de son intelligence et d'un esprit sérieux
à bien apprendre la France, et à la connaître dans
son histoire, dans sa constitution intime et vraie,
dans ses œuvres et dans ses hommes. Et, non con-
tent de ce que j'appellerai la théoric, il se mit en
relation avec ceux qui pouvaient l'éclairer par leur
position ou leurs études.

Toutes les questions du temps et du jour appelaient ses réflexions, et l'on voit, par les réponses
qu'il y faisait, qu'il ne se payait pas de lieux com-
muns et de chimères, mais qu'il allait droit au
fond des choses, dût la résultante de ses médita-
tions ne pas être d'accord avec les enthousiasmes
ou les rêves du moment. (1)

Et c'est ainsi qu'il avait acquis une rare matu-
rité de pensée et une autorité qui s'imposait, en
dépit de sa jeunesse. Dans l'oraison funèbre qu'il
lui a consacrée, le cardinal Manning en donne une
preuve trop saisissante pour que je ne la cite pas
en me servant de son éloquence :

   ... « Il assistait à une grande réunion où se
« trouvaient des hommes d'État, des guerriers,
« des grands administrateurs de l'empire britan-
« nique pour des affaires de paix et celles de

(1) V. *Son Altesse le Prince Impérial,* par Eug. Loudun,
- - (H. Guérard, 156, rue de Rivoli.)

« guerre : c'était l'intelligence et la force de l'An-
« gleterre-

« Il se leva au milieu de ces hommes célèbres et,
« avec une si grande puissance, une si grande pré-
« cision de langage — dans notre propre langue
« maternelle — avec une si grande éloquence, il
« saisit si bien la foule qui l'écoutait qu'elle se tint
« haletante, émerveillée, suspendue à ses lèvres.
« En l'écoutant, je me dis : « Quel que soit l'ave-
« nir réservé à ce jeune homme, il a le pouvoir de
« contrôler et de gouverner les hommes. » ....

VIII.

Si je cherche une raison de cette sagesse précoce et déjà si profonde, je la trouve dans les sentiments religieux du Prince et dans l'admirable
pureté de son cœur et de ses pensées. Il savait
que la religion doit être le premier souci d'un chef
d'empire et qu'il a pour premier devoir de se sou-
mettre à ses préceptes et d'en donner souveraine-
ment et simplement l'exemple. « Soutenir la re-
« ligion toujours, partout et autant qu'on le
« pourra », telle devait être sa règle constante,
disait-il. Il ne pouvait la soutenir encore que par
l'honneur de sa conduite et la pureté de sa vie,
et il n'y manqua jamais. Il se faisait gloire d'être
un humble et fidèle enfant de l'Eglise ; il en
avait toutes les qualités et toutes les vertus, et il
a montré toujours, comme il l'écrivait au curé de
Chislehurst, en partant pour le Cap, qu'aucune
préoccupation ne pouvait lui « faire oublier ses
devoirs de chrétien ; » aussi son éminent panégy-
riste a-t-il pu, sans flatterie, parler sur son cer-

cueil « de ce jeune homme si beau et si noble, si
« sans faute et si brave, si haut en intelligence et
« si cultivé, aux manières si attractives, aux dis-
« cours si séduisants, si humble dans sa dignité,
« si adoré par tous, venu parmi nous comme un
« rayon de soleil d'avril, pour un moment..... »

On trouve d'ailleurs des sentiments religieux du
Prince une preuve qui vaut mieux que tous les
éloges et qui les justifie dans cette admirable
prière qu'il avait composée et dont le cardinal
Manning, après avoir dit qu'elle était « une révé-
lation que sa mort seule pouvait nous permettre
d'apprendre » a parlé ainsi :

.... « Comment la nommer ? Est-ce une prière
« à son divin père ? est ce une obligation à son
« divin Maître ? Est ce son propre sacrifice ? Je
« n'ai jamais, dans ma mémoire de vieillard, lu
« rien de plus élevé et qui montre plus clairement
« l'esprit de Dieu, guidant et élevant l'âme de
« l'homme. C'est plein du sacrifice de soi-même,
« plein de l'idée de s'offrir comme la victime ex-
« piatoire.... »

Au surplus, voici cette prière, car je ne veux
pas que S. A. R. le comte de Chambord soit le
seul à pouvoir dire que « la prière de ce héros et de
ce chrétien l'a touché profondément et qu'elle est
une preuve irrésistible, pour ceux qui en doutent,
que notre religion est toujours vivante et fervente
dans le cœur des meilleurs et des plus grands. »

Mon Dieu, je vous donne mon cœur, mais vous, donnez-
moi la foi ! Sans foi, il n'est point d'ardentes prières, et prier
est un besoin de mon âme. Je vous prie, non pour que vous
écartiez les obstacles qui s'élèvent sur ma route, mais pour que
vous me permettiez de les franchir. Je vous prie, non pour que
vous désarmiez mes ennemis, mais pour que vous m'aidiez à me
vaincre moi-même.

Et daignez, ô mon Dieu, exaucer mes prières ; conservez à mon affection les gens qui me sont chers. Accordez-leur des jours heureux. Si vous ne voulez répandre sur cette terre qu'une certaine somme de joies, prenez, ô mon Dieu, la part qui me revient, répartissez-la parmi les plus dignes, et que les plus dignes soient mes amis. Si vous voulez faire aux hommes des représailles, frappez-moi.

Le malheur est converti en joie par la douce pensée que ceux que l'on aime sont heureux.

Le bonheur est empoisonné par cette pensée amère : je me réjouis, et ceux que je chéris mille fois plus que moi sont en train de souffrir.

Pour moi, ô mon Dieu, plus de bonheur, je le fuis, enlevez-le de ma route. La joie, je ne la puis trouver que dans l'oubli du passé. Si j'oublie ceux qui ne sont plus, on m'oubliera à mon tour ; et quelle triste pensée que celle qui vous fait dire : Le temps efface tout !

La seule satisfaction que je recherche, c'est celle qui dure toujours : celle que donne une conscience tranquille.

Ô mon Dieu, montrez-moi toujours où se trouve mon devoir, donnez-moi la force de l'accomplir en toute occasion.

Arrivé au terme de ma vie, je tournerai sans crainte mes regards vers le passé. Le souvenir n'en sera pas pour moi un long remords. Alors je serai heureux.

Faites, ô mon Dieu, pénétrer plus avant dans mon cœur la conviction que ceux que j'aime et qui sont morts sont les témoins de toutes mes actions.

Ma vie sera digne d'être vue par eux, et mes pensées les plus intimes ne me feront jamais rougir.

IX.

Mais ce n'était pas seulement dans son cabinet et dans les livres que le Prince Impérial voulait étudier la guerre. Il avait la passion d'entendre parler la poudre sur un vrai champ de bataille et de prouver par son courage qu'il serait digne de commander un jour à des soldats. Mais où se battre ? En Europe ? en Asie ? La politique ne le permettait pas. C'est donc ailleurs qu'il fallait trouver ce champ de bataille qu'appelaient ses plus ardents désirs. L'Angleterre ayant entrepris dans l'Afrique méridionale une expédition contre l'importante tribu des Zoulous qui attaquait sa domination, le Prince sollicita la permission d'y prendre part. « Il était déterminé à partir : jamais « je n'ai vu détermination si ferme », a dit, à la Chambre des lords, le duc de Cambridge qui avait fini par lui accorder la permission de rejoindre au Cap « ses vieux amis des Cadets d'artillerie. » (1) Ni les larmes de sa mère et les angoisses auxquelles il la laissait, ni les prières de ses amis, dont M. Rouher s'était fait naturellement l'interprète, rien ne put fléchir sa résolution ; il partit ! La nuit qui précéda son départ, il écrivit son testament, dont chaque ligne est empreinte de sa foi, de son patriotisme, de sa reconnaissance envers la famille royale d'Angleterre, ce noble pays où pendant huit ans il avait reçu « une si cordiale hospitalité » ; le matin, il communia une dernière fois dans l'église de Chislehurst, des mains du curé qu'il avait prévenu la veille. On sait le reste !...

Je ne parlerai ni des funérailles triomphales que lui fit l'Angleterre comme à l'un de ses enfants, ni des larmes d'une royale famille, qui le pleurait comme s'il lui eût déjà appartenu...... (2)

« S'il fût jamais un fils de France, lui l'était ! » dirai-je, en finissant, avec le cardinal Manning, et

---

(1) « Quant à sa conduite — ajoutait le Duc — je ne crois « pas qu'il puisse exister de doutes à cet égard. C'était un « jeune homme excellent, magnanime, animé de principes « supérieurs. »

(2) « A celui qui a eu l'existence la plus pure et qui est mort « de la mort du soldat, en combattant pour notre pays dans le « Zoulouland. »

— (Paroles inscrites par la reine sur la couronne funèbre.)

je comprends cette émotion profonde, cette douleur, cette inquiétude plus grande de l'avenir qui a saisi le pays, à la nouvelle de sa mort glorieuse.

Demanderai-je quelle peut-être l'influence de cette mort sur nos destinées? à quoi bon? Je me reprocherais de faire de la politique inutile au bas de ces pages qui ne doivent être qu'un hommage funèbre. « *Ce que je fais, tu ne le sais pas mainte-* « *nant, mais tu le sauras plus tard.* » Ces paroles de Notre-Seigneur (3) que l'archevêque de Westminster a choisies pour épigraphe de son oraison funèbre, me défendraient d'ailleurs d'interroger la volonté divine, autrement que pour l'adorer.

Je veux seulement, pour terminer ces lignes, emprunter un dernier souvenir et un exemple à la vie de celui que nous pleurons.

C'était à Chislehurst, le 15 janvier 1873, jour des funérailles de Napoléon III. Quand le Prince Impérial sortit de l'Église avec sa mère et passa devant les Français accourus auprès de lui pour partager son deuil, un cri sortit de tous les cœurs, en le voyant : « *Vive l'Empereur!* » — « Messieurs, *vive la France!* » répondit le jeune prince, en saluant ceux qui lui représentaient la patrie.

Vive la France ! Que ce soit le cri de notre espérance sur le cercueil de celui qui eût dû être Napoléon IV !

Langres, 50 juillet 1879.

(3) St-Jean, ch. 15. v. 7.

Langres, imp. E. L'HUILLIER.